LACORDAIRE

A

L'AUDIENCE

PARIS — IMPRIMERIE P. MOUILLOT, 13, QUAI VOLTAIRE — 12966

BARREAU DE PARIS

LACORDAIRE

A

L'AUDIENCE

DISCOURS

PRONONCÉ A L'OUVERTURE DE LA CONFÉRENCE DES AVOCATS

Le 23 Novembre 1878

PAR

JEAN CRUPPI

AVOCAT A LA COUR D'APPEL

IMPRIMÉ AUX FRAIS DE L'ORDRE

PARIS

IMPRIMERIE TYPOGRAPHIQUE P. MOUILLOT

13, QUAI VOLTAIRE, 13

1878

LACORDAIRE

A

L'AUDIENCE

Monsieur le Batonniér,

Messieurs et chers Confrères,

J'ai à vous parler d'un éminent orateur de la chaire chrétienne qui fut, dans sa jeunesse, avocat au barreau de Paris. Après deux ans passés dans les rangs du stage, Lacordaire entra au séminaire de Saint-Sulpice et devint prêtre. — Sa destinée le réservait à d'éclatantes aventures.

Tour à tour journaliste et prédicateur, moine, représentant du peuple et académicien ; dans des fortunes si diverses, Lacordaire a été servi par une belle éloquence et une merveilleuse candeur. — Au premier abord, l'unité de sa vie échappe ; on y voit de soudaines audaces suivies de retours imprévus, des prétentions singulières à tout concilier. — Mais, observez de près le grand charmeur de

Notre-Dame ; — c'est un poëte ! et cela dit tout : homme d'honneur, admirable dans sa vie privée de religieux et de prêtre ; artiste sublime, amoureux des âmes, démocrate naïf, ultramontain plus naïf encore, poëte enfin, et grand poëte !

Jeté par Lamennais dans une entreprise romanesque, Lacordaire en 1832 sut esquiver la foudre pontificale et s'arrêter à point, soumis mais non corrigé. Dès lors, sur un terrain en apparence plus solide, il s'est livré à une sorte de prédication sociale. Aimant les hommes plus qu'il ne les connaissait et rêvant toujours je ne sais quelle alliance entre l'Eglise et la Démocratie, il a affronté les périls d'une lutte pour laquelle il n'était pas armé. Dans ses discours, il se plaisait à interroger l'histoire, et il n'était pas historien ; la politique, et il n'était rien moins qu'un homme d'État.

Mais, quel éclat dans son langage ; quelle sincérité émue et pénétrante et quels accents désespérés quand il parlait des passions humaines, des orages de l'âme qu'il avait traversés ! Ce n'était pas Bourdaloue, le moraliste pratique et sévère ! Bossuet, le docteur majestueux ! C'était un combattant qui raconte ses luttes sur le champ de bataille ; un cœur déchiré qui crie ses angoisses ; un frère qui découvre ses cicatrices et dit à ses frères : « Prenez garde, c'est là que vous serez blessés ! »

Messieurs, l'Histoire, tôt ou tard, pèse les hommes et prononce sur eux une sentence définitive. Le temps de cette justice n'est pas venu pour le Père Lacordaire. — Comment le juger ? Il séduit encore ! — A voir l'enthousiasme de ceux qui l'ont entendu, on devine la puissance de sa parole et la grâce irrésistible de sa personne. Pour admirer son talent et jusqu'à ces gracieux défauts qui donnaient à son langage un tour bizarre et inattendu, il n'y a qu'un cri : — toute une génération a cédé à son charme.

Je n'ai pas à raconter la vie de l'illustre Dominicain, mais j'essayerai de retracer l'histoire de sa jeunesse. — Dans les procès politiques de 1830, comme à ses débuts au barreau, accusé ou défenseur ; vous le verrez toujours, parmi bien des erreurs et des illusions, généreux, enthousiaste, éloquent, tel enfin qu'au Palais il fût devenu sans doute le rival des plus glorieux.

Henri Lacordaire est né le 12 mai 1802, au village de Recey-sur-Ource en Bourgogne. Son père qui était médecin mourut en 1806, laissant à sa veuve une fortune médiocre et quatre fils ; Henri était le second. — Quand il eut dix ans, sa mère l'envoya au lycée de Dijon.

La vie littéraire commence par un pèlerinage aux vieux sanctuaires de l'antiquité profane ; et tout chemin, dans ces années d'enfance intellectuelle, conduit à Rome ou à Athènes. Dès qu'il fut en âge de les comprendre, Lacordaire goûta les auteurs grecs et latins. — Plus tard, devenu prêtre, il regrettait qu'au lycée « les frises du Parthénon » eussent caché à ses yeux la « coupole de Saint-Pierre de Rome ». Le fait est qu'en rhétorique il aimait à traduire en vers français les poésies d'Anacréon. — Quand à dix-sept ans Lacordaire sortit du collége, il avait perdu la foi catholique, mais sans tourner à cette impiété vaniteuse et impertinente qu'un homme d'esprit a nommée « la plus grande des indiscrétions. » Le jeune sceptique fut discret au point de détester Voltaire et de chercher dans Rousseau un évangile qui convînt au nouvel état de son âme.

A la faculté de droit de Dijon il passa trois années, occupé à tout lire, même des ouvrages de jurisprudence. Il voulait connaître et sentir toute science et toute beauté; son imagination puissante bondissait dans tous les chemins de la pensée humaine. Affranchi du dogme, il marchait à la conquête du vrai, armé de sa jeune raison, exalté par les premières fumées de son éloquence, fort enfin de ses dix-huit ans, et, ainsi qu'il disait, — ayant devant lui comme le flambeau de sa vie, l'idéal humain de la gloire.

Vers ce temps, son cœur s'ouvrit à la plus délicate des passions humaines, celle qui devait embellir ses jours découragés et donner une issue aux tendres sentiments dont son âme fut toujours pleine; — la passion de l'amitié.

Par ce côté, le seul sans doute, Lacordaire fut un disciple de Montaigne, mais, plus heureux que lui, il a précédé dans la tombe ses amis les plus chers. — Foisset, Montalembert ont survécu à Lacordaire; c'est à Dijon qu'il connut le premier sur les bancs de l'Ecole de droit. « Heureusement, dit-il, parmi les étudiants qui fréquen-
« taient les cours, il s'en rencontrait une dizaine qui
« voulaient être autre chose que des avocats de mur mi-
« toyen, et pour qui la patrie, la gloire, les vertus civiques
« étaient un mobile plus actif que les chances d'une for-
« tune vulgaire. Presque tous ces jeunes gens devaient
« leur supériorité au christianisme. Ils voulurent bien,
« quoique je n'eusse pas leur foi, me reconnaître comme
« l'un d'entre eux; et bientôt de longues promenades,
« des réunions intimes nous mirent en présence des plus
« hauts problèmes de la philosophie, de l'histoire et de
« la religion. »

C'était en 1821, heure féconde où la pensée humaine prit un superbe essor. Lamartine et Victor Hugo chantaient leurs premiers vers; Thiers, Augustin Thierry écrivaient l'histoire, et du haut de trois chaires illustres, Cousin, Guizot, Villemain, enflammaient et fortifiaient une jeunesse enthousiaste. — Les étudiants de Dijon furent gagnés par cette ardeur intellectuelle, et sous le nom de Société d'études, ils fondèrent une sorte d'académie partagée en quatre sections : Philosophie, Histoire, Droit public, Littérature. Lacordaire se fit inscrire dans les quatre sections.

A cette variété de travaux il gagna beaucoup de souplesse et un faux air d'érudit; au fond, il étudiait à l'aventure, sans méthode et sans choix, effleurant les sujets, peu propre à l'analyse et à la réflexion patiente, mais habile à saisir ces vues générales qui conviennent aux mouvements oratoires.

Plus tard, il connut le vice de ces premières études plus brillantes que fécondes, auxquelles une forte discipline a manqué; mais ce n'était plus temps d'y remédier. Aussi, dans la chaire ou à l'audience, dans ses écrits, ses sermons et ses plaidoyers, fut-il toujours éloquent, jamais original ni profond. — Sous une forme saisissante, imagée et qui lui est bien personnelle, apparaît un fonds emprunté tantôt à Lamennais, plus souvent à de Maistre, quelquefois à Bossuet ou même à Chateaubriand.

A la Société d'études ses débuts d'orateur furent très-applaudis ; il éblouit ses camarades, mais ceux-ci le convertirent sur un point. Notez ce trait, Messieurs, car tout l'homme est là : — Nul ne s'est plus souvent converti que Lacordaire ! il y mettait du reste une sincérité absolue. Fort éloigné du catholicisme quand il était entré à la Société d'études, il en sortit, touché de l'excellence sociale de la religion chrétienne, attiré par la hauteur morale de ses préceptes et la poésie de ses traditions.

En 1822, il reçut le diplôme de licencié en droit, se rendit à Paris vers l'automne, et le 20 novembre, prêta devant la cour royale le serment d'avocat.

Il avait vingt ans, l'âge où toute faiblesse se croit puissante contre la destinée. Avoir vingt ans, être avocat stagiaire, cela n'est rien, et cela promet tout ! — Lacordaire se sentait invinciblement attiré vers les libres combats de la parole publique. Dans tous ses rêves de jeunesse, il s'était vu célèbre avocat, fier sous la robe noire, renommé au Palais, applaudi par la foule. Au reste il a gardé toujours une haute idée de notre profession. Ecoutez ce qu'il écrivait trente ans après avoir quitté le barreau : — « Pour moi, une position indépendante et utile est su-« périeure à tout ; sans doute, la magistrature assise est « inamovible, mais que de liens enchaînent le magistrat « à des circonstances pénibles et humiliantes. Ce sont des « serments à prêter à chaque révolution, des adresses à « signer, des visites à faire à des gens qu'on n'estime pas ; « tandis qu'un avocat demeure chez lui, entre ses clients « et le barreau, sans avoir rien à démêler avec les néces-« sités variables de la politique ;... la profession d'avocat « est indépendante au milieu des étranges vicissitudes « dont nous sommes témoins, et dont nous sommes « encore menacés ; elle est capable de nourrir tous les « sentiments élevés et tous les goûts de l'esprit. »

Messieurs, un vif sentiment des beautés de notre profession ne suffit pas pour y réussir. Beaucoup de patience et d'esprit, le sens pratique des affaires, et un grand fonds de bonne humeur n'assurent même pas le succès ; il faut encore l'occasion. — Elle s'offrit à Lacordaire dès son arrivée à Paris. Il fut reçu à bras ouverts par un avocat très-honorable, M. Guillemin, auquel un magistrat de Dijon l'avait recommandé.

Dès la première entrevue, M. Guillemin qui était un catholique fervent dit à son jeune protégé : « Il faudra « choisir un confesseur. » — « Oh! moi, monsieur, je ne « fais pas cela, » répondit Lacordaire. Il avait, en disant ces mots, un accent si éloigné de toute forfanterie de mauvais goût, un air si gracieux, que M. Guillemin, un peu effrayé, du reste, l'admit dans son cabinet et l'associa à tous ses travaux. « Je fus pour Henri, écrivait plus tard « cet homme vénérable, ce qu'on appelle vulgairement « un patron, une sorte de père, ou pour le moins de « frère aîné. »

L'ordonnance royale du 20 novembre 1822 défendait aux avocats de se présenter à la barre avant l'âge de vingt-deux ans. « N'importe, s'écriait Lacordaire, j'ai vingt ans, « et je plaiderai! — Si je suis cité pour ce fait au Conseil « de discipline, eh bien, ce sera l'occasion de faire un discours, — voilà tout! »

Devant un si beau feu, le conseil fut touché d'indulgence; on laissa dormir la loi rigoureuse et Mᵉ Lacordaire parut un jour à l'audience de la première chambre de la Cour, présidée par M. Séguier.

Sous une frêle et svelte enveloppe, le grand séducteur s'annonçait déjà; il avait les traits fins et réguliers, un front sculptural, des yeux noirs et étincelants. — Ajoutez à cela un grand fonds de hardiesse et un air de timidité, contraste heureux et rare qui permet de tout dire sous le couvert d'une aimable candeur. Il enchanta ses juges par la couleur, la vie, la flamme de son langage et M. Séguier s'écria : « Ce n'est pas Patru, c'est Bossuet! » — Plus tard, Lacordaire, qui n'était pas devenu Bossuet, se plaisait à conter que Berryer lui avait dit un jour : « Vous avez l'étoffe d'un grand avocat. »

Le jeune stagiaire fut appelé à rédiger plusieurs mé-

moires de palais. Je n'en connais qu'un; il s'agissait
d'une pétition d'hérédité (1). C'est chose merveilleuse
qu'un esprit si prompt et si vif sut se plier aux rigueurs
d'une discussion juridique; les faits sont groupés avec
art, l'auteur excelle à dire élégamment des choses
ennuyeuses; son argumentation est adroite, solide, et
le choix heureux de ses termes met en relief la net-
teté de ses vues.

Tout souriait donc à Lacordaire; un bel avenir lui
semblait réservé; mais à ce moment même il vivait
dans les orages de l'âme, livré à toutes les angoisses
de la lutte éternelle entre le doute et la foi, entre la
raison et le cœur. « Je travaille, écrivait-il, je prends
« patience, tous me prédisent le succès et pourtant je
« suis fatigué de la vie... ma pensée est plus vieille
« qu'on ne croit et je sens ses rides à travers les fleurs
« dont mon imagination les couvre. »
Ce dégoût de la vie, ces peines mystérieuses, ces
aspirations vers l'idéal sans cesse souffletées par la réalité, comment les définir! mais, quelle âme élevée ne
les a pas sentis! — De pareils combats ennoblissent. Si
parfois il en sort brisé, l'homme y gagne toujours une
fierté mélancolique, et quel que soit le port où il aborde,
sceptique enfin, ou croyant comme Lacordaire, il est plus
grand après ces luttes parce qu'il a pensé et souffert.

Ainsi que la plupart des hommes nés au commen-
cement de ce siècle, Lacordaire a subi l'influence du
génie de Chateaubriand. En 1823, il rêvait à Chactas, aux
savanes de l'Amérique, et parfois sentant dans son âme

---

(1) *Affaire Convents. — Mémoire publié chez Egron, imprimeur rue des
Noyers.* — (Communiqué par M. Henri Villard, avocat à Langres.)

une indéfinissable tristesse, il s'écriait : « Je suis rassasié de tout sans avoir rien connu. » — De *René*, des *Natchez* au *Génie du Christianisme*, la route est poétique ; Lacordaire la parcourut, et bientôt, pénétré des beautés extérieures du christianisme, il se sentit doucement attiré vers la foi. — Messieurs, toutes les conversions se ressemblent, j'entends celles qui sont sincères, — ce sont affaires de cœur. Par un reste d'orgueil humain, Lacordaire devenu prêtre aimait à citer ce mot de Bacon : « Un peu de philosophie éloigne de la religion, beaucoup y ramène. » — Au fond, sa conversion n'eut rien de philosophique, il vint au Christ par amour, comme jadis saint François d'Assise.

Le matin d'un des premiers jours du mois de mai 1824, Lacordaire entra dans le cabinet de M. Guillemin et lui dit : — « Je vais vous quitter. » — « Pourquoi donc ? nous « sommes si bien ensemble. » — « Aussi, ne vais-je pas « ailleurs dans le barreau, mais après six mois de luttes, « je crois maintenant, et je crois avec une telle conviction, qu'il faut que je sois prêtre. »

Au séminaire de Saint-Sulpice, il effraya ses maîtres par les libres allures de son esprit. « Fils d'un siècle qui « ne sait guère obéir, l'indépendance, disait-il, a été ma « couche et mon guide. » Avec plus de tact et de finesse, on aurait démêlé, sous les audaces de sa parole, un cœur prompt à se soumettre, mais il n'en fut rien ; à Saint-Sulpice, Lacordaire devint suspect. Son âme en fut blessée, et soudain il conçut le projet d'entrer dans la Compagnie de Jésus. Mgr de Quélen l'en détourna, et vers la fin de l'année 1828, le jeune abbé fut placé comme chapelain dans un petit couvent de la Visitation. Les bonnes religieuses goûtèrent médiocrement le nouveau venu ; à leur gré, il parlait trop de métaphysique. —

Bientôt, l'archevêque de Paris joignit à sa charge de chapelain celle de second aumônier au collège Henri IV.

La vie de Lacordaire, ainsi livrée à de nombreux travaux, fécondée par le dévouement et fixée par la foi, n'était pourtant pas heureuse. Au milieu du jeune clergé, il vivait solitaire. — « La cause du christianisme, écrivait-il « en 1829, liée à celle des Bourbons, court en ce moment « les mêmes chances, et un prêtre qui n'est pas sous ce « drapeau, semble une énigme aux plus modérés, une « sorte de traître aux plus ardents. — On me laisse dans « l'isolement parce qu'en devenant catholique, j'ai voulu « demeurer libéral. »

Le jour de sa vocation ecclésiastique, Lacordaire s'était cru appelé aux luttes généreuses d'un apostolat nouveau : le temps vient, pensait-il, où les peuples vont naître à la liberté et au Christ ! — Que de tristesse dans son âme, quand il connut la réalité !

Il vit un roi pressé par la nation de respecter les clauses d'un solennel contrat, un clergé dédaigneux des libertés publiques et s'efforçant de ramener Charles X aux pratiques funestes du pouvoir absolu. Alors, découragé, il conçut le dessein de s'enfuir comme missionnaire aux Etats-Unis. Tout à coup, la révolution de 1830 éclata. — Lacordaire applaudit à la chute du roi, dans ces journées fameuses où le droit de la France triompha des intrigues de cour ; il oublia bientôt ses rêves de croisade lointaine. D'autres luttes appelaient son ardeur ; luttes brillantes et malheureuses, dont le seul résultat fut d'accuser les divisions entre l'esprit moderne et l'esprit Romain. — Peu de temps après les événements de Juillet, Lacordaire fut entraîné dans la voie périlleuse du journalisme par M. de Lamennais.

Ce petit abbé de Bretagne, d'apparence chétive et vulgaire, dépourvu d'éloquence dans son langage et de
dignité dans son allure, se trouvait en 1830 dans la situation d'un Père de l'Eglise. Il n'était pas d'hommages que
le Saint-Siége ne lui eût prodigués ; il avait refusé la
pourpre, mais son portrait, placé dans l'oratoire du pape
Léon XII, attestait son crédit en cour de Rome. — Quel
était donc le secret d'une telle faveur ?

Messieurs, pendant les premières années de la Restauration, Lamennais fut, en France, le plus fougueux cham-
pion des doctrines ultramontaines, le plus rude adver-
saire des gallicans et des libéraux, l'homme enfin qui
préparait de loin le règne de Pie IX. — Des rois absolus,
un pape infaillible, voilà sa devise !

Il confondait dans un même opprobre la Charte politique et la Charte religieuse : celle de 1814, qui protégeait
le peuple contre le roi ; celle de 1682, qui protégeait le roi
et les traditions de l'Eglise de France contre le pape. Un
jour, il expliqua nettement que le Souverain Pontife
avait droit de déposer les princes. Rome tressaillit d'aise,
mais Charles X, déjà compromis par un clergé remuant
et ambitieux, ne put se dispenser d'envoyer à Lamennais
une assignation en police correctionnelle. — Il sortit de
l'audience condamné et transformé. Désormais, les liens
qui l'attachaient aux Bourbons se trouvaient rompus, ses
yeux, dessillés par la haine, aperçurent l'abîme où la mo-
narchie allait sombrer. « Les rois chancellent, écrivait-il,
leurs trônes vides ne tiennent plus à rien. »

Quoi donc ! fallait-il que l'Eglise s'enchaînât aux Bourbons destinés à périr ? — Lamennais résolut de rompre
l'alliance du trône et de l'autel, et se tournant vers les

peuples il pensa trouver en eux l'instrument nouveau de ses desseins théocratiques.

Lorsqu'on apprit à cet homme implacable la chute de Charles X, il laissa tomber de ses lèvres une parole dédaigneuse : « Les vaincus ont de toutes façons mérité leur « défaite et leur exil est sans retour. »

Quand des rois absolus gouvernaient la France, il fallait d'abord asservir le prince pour assurer dans l'Etat l'omnipotence de l'Eglise. A d'autres temps, pensa Lamennais, il faut une autre politique. L'avenir appartient à la démocratie : — eh bien, soit ! — Que l'Eglise, forte de ses vingt millions de fidèles, se sépare hardiment de l'Etat ! Qu'elle accepte toutes les libertés !

La liberté d'enseignement sera la ruine de l'Université ! La liberté d'association sera le triomphe des ordres religieux ! — Ah ! sans doute, pour suivre une pareille politique, il fallait d'abord que le clergé renonçât au budget des cultes ; mais qu'importe ! le peuple nourrirait ses prêtres jusqu'au jour où ceux-ci ayant reconquis leur ancienne puissance au moyen de la liberté, briseraient cette arme devenue inutile, et régneraient enfin sur les ruines de la démocratie.

Telles furent, Messieurs, les opinions libérales, qui, peu de jours après la révolution de Juillet, inspirèrent à Lamennais la pensée de fonder le journal l'*Avenir*.

Le choix des collaborateurs était difficile : — pour orner de fleurs les pensées du maître, et parer ses doctrines des couleurs de la liberté, il fallait des hommes jeunes, pleins de talent et de candeur, des âmes séduites par ces grands mots d'Evangile et de Démocratie.

Montalembert accourut d'Irlande ; il était à peine adolescent, mais enthousiaste, éloquent, plein de vues généreuses, prêt à donner sa vie pour quelque grande cause.

Quant à Lacordaire, c'est à Dijon, où il était allé pour faire ses adieux à sa famille et préparer son voyage aux États-Unis, qu'il fut averti des desseins de Lamennais. On lui adressait un pressant appel. Il fallait qu'il vînt se joindre aux rares collaborateurs d'une œuvre catholique et nationale, d'où l'on pouvait attendre la réconciliation du Saint-Siége avec le Libéralisme ! — Devant ces horizons nouveaux qui s'ouvraient à ses yeux, il fut enivré d'espérance. « J'allais, écrivait-il, chercher la liberté en « Amérique, nous pouvons maintenant l'obtenir en « France, et j'y mourrai à l'ouvrage » (1).

Dès le premier jour, le journal l'*Avenir* eut un retentissement prodigieux. La sincérité des disciples trompa l'opinion sur la véritable pensée du maître. Lacordaire et Montalembert rêvaient une alliance loyale entre l'Église et la Démocratie ; — de bonnes âmes en furent touchées : « Catholiques, s'écriait Lacordaire, croyez-moi, laissons à « ceux qui n'ont foi qu'aux princes de la terre les espé- « rances de la servitude. Laissons-les dire que tout est « perdu si la presse parle, et s'enfoncer dans des consé- « quences lamentables où ils n'auront plus qu'à choisir « entre la destruction de l'ordre et celle de la raison. — « Ce sont des enfants d'un jour qui n'ont pas encore vu « d'éclipse et qui se tordent les mains en invoquant je ne « sais quels Dieux. Pour nous, voyageurs depuis long- « temps sur cette terre, ne nous troublons pas de si peu, « et notre crucifix sur la poitrine, prions et combattons. — « Les jours ne tuent pas les siècles, la liberté ne tue pas « Dieu ! »

(1) Extrait d'une lettre inédite écrite le 11 février 1831 à M. Delahaye, président du tribunal d'Yvetot. (Communiquée par Me Allou, ancien bâtonnier de l'ordre des avocats.)

Que d'illusions dans ces brûlantes paroles ! Avec de telles déclamations, des hommes de bonne foi comme Lacordaire ont prétendu fonder un parti catholique libéral. Ils ont eu moins d'adeptes que Saint-Simon et Fourier ! — Ignoraient-ils que les religions naissent et meurent, mais ne se transforment jamais ? Ce qui est fondé sur l'autorité périrait par la liberté : telle est la doctrine sans cesse répétée par les souverains pontifes. — Forcée parfois à la tolérance par la puissance des faits accomplis, l'Église ne saurait accepter certains principes de la société moderne. Rome appellera toujours la liberté civile et politique, une révolte ; la liberté de conscience, un délire.

La liberté ne tue pas Dieu, c'est à merveille, mais le pape condamne la liberté ! — Aussi, Messieurs, que reste-t-il en France du parti catholique libéral ? Quelques illusions dans de rares esprits ; le souvenir de cruelles défaites ! Et c'est tout !

Pourtant, qu'elles étaient ardentes les espérances des jeunes rédacteurs de l'*Avenir*. Pour une cause chimérique, Lacordaire et Montalembert livraient de terribles combats. Ils s'en allaient à l'aventure, jetant à tous les échos l'éclat d'une éloquence passionnée, appelant au forum le clergé et le peuple. Il fallait que Dieu fût enfin citoyen de France ! — Plus de Concordats qui avilissent ; plus de budget des cultes, concession dédaigneuse faite au clergé par la Révolution ! L'Église libre dans l'État libre, — voilà le but où tendaient leurs efforts.

Voulez-vous connaître le ton du journal, le pain quotidien de sa polémique ? — Un sous-préfet d'Aubusson s'étant avisé de faire introduire de force dans l'église la dépouille d'un homme mort sans avoir reçu les secours de la religion, Lacordaire écrivait: « Un simple sous-préfet ! un sa-« larié amovible, du sein de sa maison, gardée contre

« l'arbitraire par trente millions d'hommes, a envoyé dans
« la maison de Dieu un cadavre! Il a fait cela devant la
« loi qui déclare que les cultes sont libres; et qu'est-ce
« qu'un culte libre si son temple ne l'est pas, si son autel
« ne l'est pas, si l'on peut y apporter de la boue les armes
« à la main? — Il a fait cela à la moitié des Français!
« Lui, ce sous-préfet! — Prêtre, vous l'auriez fait pâlir, si
« prenant votre Dieu déshonoré, le bâton à la main et le
« chapeau sur la tête, vous l'eussiez porté dans quelque
« hutte faite avec des planches de sapin, jurant de ne pas
« l'exposer une seconde fois aux insultes des temples de
« l'État. »

Un pareil langage risquait de déplaire au gouvernement
et surtout au clergé. — En 1830, l'Église n'était pas disposée à déchirer ses traités avec l'État; non qu'elle tînt en
haute estime le Concordat de 1801, mais elle redoutait,
alors comme aujourd'hui, les conséquences du système
d'indépendance mutuelle.

C'est que le jour où l'Église se séparerait volontaire-
ment de l'État, il faudrait que le Saint-Siége mentît à ses
Encycliques et revendiquât hautement, au nom des catholiques, ces libertés modernes qui sont l'objet de ses
mépris.

Dans le haut clergé, ce fut une explosion de colère et
de haine contre les doctrines de l'*Avenir*. Gallicans et
royalistes formèrent une ligue puissante. On résolut de
perdre Lamennais et ses audacieux collaborateurs. —
Mais Rome se taisait encore, attendant pour désavouer
ces amis dangereux qu'ils fussent tout à fait compromis.

Au journal, on vivait dans l'espoir de ces poursuites
judiciaires qui prêtent à l'écrivain un air touchant de victime, et lui donnent en réalité une tribune et un public.

— Prévoyant de nombreux procès de presse, Lacordaire conçut le dessein de renouer les liens qui l'attachaient jadis au barreau de Paris. Cela convenait à ses doctrines. « Les prêtres, disait-il, sont descendus bien tard dans l'arène publique, mais ils ne la quitteront plus, et ils espèrent, à force de persévérance, réparer le temps où la patrie peut-être les a vainement cherchés parmi les hommes d'action. » Il sentait le fougueux désir de paraître à la barre d'un tribunal, lui prêtre et citoyen, la toque sur la tête, un sermon aux lèvres, prêchant à l'audience un dogme nouveau.

Le 24 novembre 1830, Lacordaire écrivit au bâtonnier de l'ordre ; c'était alors M. Mauguin. « Monsieur le bâton-
« nier, il y a huit ans je commençai mon stage au barreau
« de Paris, je l'interrompis au bout de dix-huit mois pour
« me consacrer à des études religieuses qui me permirent
« plus tard d'entrer dans la hiérarchie catholique ; et je
« suis prêtre aujourd'hui. — Or, des événements immenses
« ont changé la position de l'Église dans le monde, elle
« a besoin de rompre tous les liens qui l'enchaînent à
« l'État, et d'en contracter avec les peuples. C'est pour-
« quoi, dévoué plus que jamais à son service, à ses lois,
« à son culte, je crois utile de me rapprocher de mes
« concitoyens en poursuivant ma carrière dans le bar-
« reau. — J'ai l'honneur de vous en prévenir, monsieur le
« bâtonnier, quoique je ne puisse prévoir aucun obstacle
« de la part des règlements de l'ordre. »

Messieurs, à aucune époque de son histoire le Conseil de notre ordre n'a eu l'ambition ni le goût de s'ériger en Concile. — Que les rédacteurs de l'*Avenir* voulussent donner le signal d'une révolution religieuse, c'était leur affaire. — Mais enfin, était-il convenable de mêler le bar-reau à ces querelles politiques, en admettant à continuer son stage le jeune et ardent abbé Lacordaire ? Si pures et si droites que fussent ses intentions, ne risquait-il pas de compromettre dans les luttes orageuses de l'audience la dignité du sacerdoce catholique ? Sied-il à un prêtre de passer de l'autel à la barre, et du confessional à la Salle des Pas perdus ? — Sans doute, à l'appui de ses prétentions, Lacordaire pouvait invoquer des traditions célèbres. Jadis, les décrets du Saint-Siége autorisaient les prêtres à plaider pour eux-mêmes, pour leur église et pour leurs pauvres. — Nous comptons, Messieurs, parmi nos ancêtres un pape et un saint : Guy Foucault, avocat au parlement de Paris, fut exalté au trône pontifical sous le nom de Clément IV ; quant au saint, vous l'avez nommé, — c'est notre patron, Saint Yves de Tréguier.

Tandis que le Conseil hésitait à prendre une décision, deux articles de l'*Avenir*, l'un de Lacordaire adressé aux « Évêques de France », l'autre de Lamennais intitulé « Oppression des catholiques », donnèrent lieu à des poursuites judiciaires.

Le roi Louis-Philippe, usant pour la première fois de la prérogative qui lui était accordée par l'article 5 du Concordat, venait de nommer trois nouveaux évêques. Cet acte avait soulevé les colères de l'*Avenir*. « Par cela même, « écrivait Lamennais, qu'il n'existe plus de religion « d'Etat, l'intervention du gouvernement dans les choses « de la religion est tout ensemble absurde et illégale, le « Concordat dès lors est aboli implicitement. »

Traduits devant la cour d'assises, Lamennais et Lacordaire parurent à l'audience du 30 janvier 1831 ; — ce dernier était en robe d'avocat.

Un homme fin et modéré tenait le siége du ministère public, M. Berville, qui fut un des magistrats éminents de 1830, après avoir tenu un rang remarquable au barreau sous la Restauration. Dès ses premiers mots, l'aimable avocat général parut embarrassé ; il borna son réquisitoire à quelques remontrances élégantes, presque timides ; au fond, M. Berville, qui était poëte à ses heures, ne détestait pas les doctrines de l'*Avenir* ; mais les violences de langage choquaient son goût délicat ; — son discours fut la critique littéraire des articles incriminés. « Eh ! Messieurs, semblait-il dire, le Concordat est une loi « vicieuse, j'en conviens ; mais de grâce, qu'on mette « plus de politesse à combattre une loi qui n'est pas « encore abrogée. »

L'accusation était fort compromise, quand l'avocat de Lamennais, Me Janvier, du barreau d'Angers, commença un long exposé des doctrines du maître. — Il médit beaucoup des gallicans, afin de justifier les opinions d'un homme qui se croyait ultramontain ; — c'en était trop pour un public fort étranger à toutes ces querelles ; magistrats et jurés étaient impatients et nerveux, quand Lacordaire se leva.

« Messieurs, dit-il, j'étais bien jeune encore, je vis « cette capitale où la curiosité, l'imagination, la soif « d'apprendre me faisaient croire que les secrets du « monde me seraient révélés ; son poids m'accabla et je « fus chrétien. Chrétien, je fus prêtre ! — Laissez-moi « m'en réjouir, Messieurs, car je ne connus jamais mieux « la liberté que le jour où je reçus avec l'onction sainte « le droit de parler de Dieu. L'univers s'ouvrit devant « moi, et je compris qu'il y avait dans l'homme quel- « que chose d'inaliénable, de divin, d'éternellement libre ! « — la parole !....

« J'ai protesté contre les nominations d'évêques éma- « nées du pouvoir civil, — je me trompe, émanées de nos « oppresseurs, c'est le terme dont je me suis servi ; et,

« comme M. l'avocat général s'y est arrêté longtemps,
« je m'y arrête aussi. — Nos oppresseurs ! ce mot vous a
« fait peine. Vous m'en avez demandé compte ; vous avez
« regardé mes mains pour voir si elles étaient meurtries
« par l'empreinte des fers. — Mes mains sont libres, mon-
« sieur l'avocat général, mais aussi, mes mains ce n'est
« pas moi. Moi, ce qui est moi, c'est ma pensée, c'est ma
« parole, et, pour que vous le sachiez, je le trouve oppri-
« mé dans ma patrie, ce moi divin, cette pensée, cette
« parole, moi enfin. Oui, vous ne garrottez pas mes
« mains, et peu m'importerait ; car ce serait justice ou
« ce serait violence : justice ne serait pas oppression, et
« la violence, — il resterait contre elle la violence ! Mais
« si vous ne garrottez pas mes mains, vous garrottez ma
« pensée, vous ne me permettez pas d'enseigner, moi à
« qui il a été dit : *Docete*. Le sceau de vos lois est sur mes
« lèvres ; quand sera-t-il brisé ? — Je vous ai donc appelés
« mes oppresseurs, et je redoute des évêques de votre
« main !...

« Mon devoir est accompli ; le vôtre, Messieurs, est de
« me renvoyer absous de cette accusation. Ce n'est pas
« pour moi que je vous le demande, il n'y a que deux
« choses qui donnent du génie : Dieu et un cachot. — Je
« ne dois donc pas craindre l'un plus que l'autre. Mais je
« vous demande mon acquittement comme un pas vers
« l'alliance de la foi et de la liberté, comme un gage de
« paix et de réconciliation. — Voilà donc, Messieurs, je
« vous propose d'acquitter Jean-Baptiste-Henri Lacordaire,
« attendu qu'il n'a point failli, qu'il s'est conduit en bon
« citoyen, qu'il a défendu son Dieu et sa liberté, et je le
« ferai toute ma vie, Messieurs ! »

Les deux accusés furent acquittés. Quand à minuit
l'arrêt fut rendu, la foule applaudit. — Dans son âme eni-

vrée par cet éclatant succès, Lacordaire voyait sans doute l'Eglise libre, l'alliance fondée entre le pape et la démocratie. — Seulement, au sortir de l'audience, un indiscret s'avisa de demander aux vainqueurs du jour : « Etes-vous bien sûrs que ce soit là le catholicisme ? »

Pareil triomphe était fait pour enflammer d'une ardeur nouvelle les rédacteurs de l'*Avenir*. Mais à ce moment, Lacordaire apprit que le Conseil de l'Ordre avait rejeté sa demande de continuation de stage. Les journaux commentèrent cette décision ; dans un article véhément, la *Gazette des tribunaux* accusa le Conseil de Gallicanisme, — j'ignore s'il en fut troublé. Nos anciens s'étaient inspirés de cette idée que les devoirs de l'avocat sont inconciliables avec les fonctions du ministère ecclésiastique. — Déçu de ce côté, Lacordaire ne désespéra point de reparaître à l'audience, sinon comme avocat, du moins comme prévenu.

Lamennais et ses collaborateurs ouvrirent alors la campagne de la liberté d'enseignement.

En 1830, le plus ancien ennemi de l'Université, le plus terrible peut-être, était M. de Lamennais. Il avait dit dans un pamphlet célèbre publié en 1814 : « De toutes les « conceptions de Bonaparte, la plus effrayante pour « l'homme qui réfléchit, la plus profondément anti- « sociale, en un mot, la plus digne de lui, c'est l'Uni- « versité. Lorsque le tyran crut avoir assuré par tant « d'horribles lois le malheur de sa génération, il éleva ce « monstrueux édifice, comme un monument de sa haine « pour les générations futures, et sembla vouloir ravir « au genre humain l'espérance même. »

Chose étrange, Messieurs, les Bourbons restèrent sourds à ces apostrophes, et vers la fin du règne de Charles X, la fille de Bonaparte se trouva assez bien en cour pour obtenir du roi et faire agréer au pape l'expulsion des jésuites. — Par un côté, cet acte de la Restauration expirante plut à M. de Lamennais, qui n'aimait point les fils de Saint-Ignace ; mais enfin, sa haine contre l'Université l'emporta, et sa plume furieuse flétrit les ordonnances du 16 juin 1828.

Bientôt, dans un style timide et plein de réticences, la Charte de 1830 promit l'émancipation de l'enseignement ; l'art. 69 déclarait « qu'il était nécessaire de pourvoir par « une loi, dans le plus bref délai possible, à l'instruction « publique et à la liberté de l'enseignement. »

Or, huit mois se passèrent, et la branche cadette se montrait disposée à suivre les errements de la branche aînée. — Les rédacteurs de l'*Avenir* se répandirent en protestations passionnées. Lacordaire songeait avec amertume à ces années de collége où il avait perdu la foi, et à l'époque plus voisine où sa mission d'aumônier au lycée Henri IV avait été infructueuse et stérile. Emporté par l'imagination, il accusait l'Université du scepticisme dont avait souffert sa jeunesse, et des progrès de la libre pensée au sein des nouvelles générations.

« La liberté d'enseignement, écrivait-il, n'est plus une « opinion, c'est une partie du pacte qui attache les Fran- « çais à la nouvelle couronne ; c'est la condition de nos « serments, c'est le prix du sang..... On force chaque « écolier à bégayer pendant des années des opinions « étrangères, comme les vainqueurs font épeler leur « langue à une race conquise. Il faudra qu'il soit fou de « batailles sous Bonaparte — fou des jésuites sous M. de « Villèle — fou de la liberté sous M. de Broglie, tour à « tour le jouet et la victime des pensées les plus dispa- « rates. — Ah ! si le monopole de l'enseignement n'était « qu'un monopole de versions et de thèmes, il faudrait

« aller voir le Ministre de l'instruction publique comme
« une curiosité. — Mais l'intention positive du gouverne-
« ment est d'avoir la jeunesse dans sa main, de pétrir ses
« idées à son gré, c'est-à-dire de violer ouvertement la
« liberté d'opinions. »

La presse tout entière s'associait aux vœux exprimés
par l'*Avenir*, et sans y mettre autant de véhémence que
l'abbé Lacordaire, les brillants écrivains du *Globe*, ceux
du *Constitutionnel*, du *Courrier Français* et du *Temps*, récla-
maient l'émancipation de l'enseignement.

Des vues bien différentes emportaient tous ces hommes
vers un but commun. — Ce fut là, Messieurs, une phase
singulière dans l'histoire d'un problème qui divise encore
profondément les esprits. On ne saurait nier qu'en 1830,
la dispersion récente des jésuites fut pour beaucoup dans
l'enthousiasme des libéraux de toutes nuances pour l'af-
franchissement de l'instruction. « La France ne veut pas,
écrivait Lacordaire, elle ne souffrira pas que les jésuites
enseignent la jeunesse. » — On n'avait pas alors à compter
avec les chances d'un antagonisme déclaré entre l'Etat
et une puissante congrégation.

Une Agence générale pour la défense des libertés religieuses avait été fondée peu de temps après l'apparition
du journal, par les soins des rédacteurs de l'*Avenir*. Les
membres de l'Agence résolurent un jour d'user de la
liberté proclamée par la charte, sans attendre la loi qui
devait la régler. — On décida d'ouvrir une école libre, où
l'instruction serait gratuitement donnée par MM. de
Coux, l'abbé Lacordaire et le vicomte de Montalembert,
instituteurs.

M. de Coux n'avait pas, à beaucoup près, l'âge ni le

talent de ses jeunes collègues; c'était un homme déjà mûr, qui, de ses longs voyages en Amérique, avait rapporté un goût fâcheux de la vie publique, pour laquelle il n'était pas fait. — Il fut le type curieux et rare du catholique hésitant toujours entre la liberté et l'autorité. Perpétuel transfuge, il passa comme rédacteur de l'*Avenir* au journal l'*Univers*; en 1848, il quitta l'*Univers* pour l'*Ere nouvelle*, qui représentait alors l'opinion libérale sous l'inspiration de Lacordaire, et mourut enfin libéral pénitent.

Montalembert était un autre homme : — je ne sais quoi de fier et d'énergique relevait la grâce de ses vingt ans. Tout ce qui est grand, tout ce qui est généreux attirait cette âme d'élite dont le premier amour fut pour la liberté. La destinée avait placé sur son chemin Lamennais et Lacordaire : ces deux hommes l'eurent bientôt séduit et dominé. Que savait-il alors des voies tortueuses de la politique, des rancunes et des passions avec lesquelles tout homme public doit compter? — Il se rangea avec ardeur sous le drapeau dont vous connaissez la devise « Dieu et la liberté ». — C'en était fait pour sa vie entière !

Deux fois l'édifice élevé par sa parole enthousiaste s'est écroulé sur sa base; deux fois Rome l'a condamné. — Grégoire XVI a flétri les doctrines de l'*Avenir*, et trente ans après, à la voix de Montalembert qui criait encore « liberté », Pie IX a répondu « anathème ». N'importe, les rigueurs du Saint-Siége n'ont pu guérir son cœur de l'illusion qu'il avait si longtemps caressée.

C'est au lundi 9 mai 1831 que les trois instituteurs avaient fixé l'ouverture de l'école libre, dans un local situé rue des Beaux-Arts : « Puisse, disait l'*Avenir*, cet « essai de la liberté encourager tous ceux qui sont ses

« amis ! Que les catholiques surtout aident à l'affranchis-
« sement de la pensée, car ils seront affranchis, le jour
« où la pensée le sera. »

Vis-à-vis de la police les convenances furent soigneuse-
ment observées ; on informa le préfet et le 9 mai l'école
fut ouverte. De nombreux spectateurs remplissaient
l'étroite enceinte ; on remarquait parmi eux plusieurs
jeunes avocats venus pour applaudir aux desseins de leur
ancien confrère. « Messieurs, dit Lacordaire, nous pre-
« nons aujourd'hui possession de la liberté d'enseigne-
« ment, parce que c'est notre droit naturel ; nulle loi ne
« pouvant ravir aux pères de famille l'âme de leurs
« enfants ! Nous en prenons possession parce que c'est
« notre droit de chrétiens. » — Du reste, l'*Avenir* avait
souvent émis cet axiome : que la liberté ne se donne pas,
mais qu'elle se prend.

Aussitôt après ce discours, les classes commen-
cèrent. — Le 10 mai, un commissaire de police accom-
pagné de trois agents pénétra dans l'école ; il avait ordre
de la fermer.

« Au nom de la loi, dit-il aux enfants, je vous somme
« de vous retirer. » — Lacordaire répondit aussitôt : « Au
« nom de vos parents dont j'ai l'autorité, je vous ordonne
de rester. » — Cette scène se renouvela trois fois et les
enfants de s'écrier à chaque sommation : « Nous reste-
rons. » — Enfin, deux sergents de ville durent prendre
les écoliers par la main pour les faire sortir ; Lacordaire
lui-même ne céda qu'à la force.

Le 3 juin 1831, les trois instituteurs parurent à l'audience du tribunal de police correctionnelle. — Leur premier soin fut de réclamer le jury, en vertu de l'art. 69
de la Charte qui attribuait aux cours d'assises la con-
naissance des délits politiques.

« Nous voulons le jury, s'écria Lacordaire, parce que
« le jury est la magistrature naturelle de la société telle
« que les siècles l'ont faite. Le nom du roi, sous l'ancien
« régime, était celui que tout Français opprimé invoquait
« pour se défendre : maintenant que ce nom a perdu sa
« puissance, pour des causes dont le récit appartient à
« l'histoire, c'est le jury qu'appelle tout Français opprimé !
« — c'est le jury qui est le gardien de sa vie et de son
« honneur ! — c'est le jury qui veille sur sa liberté ! — et
« c'est lui qui la sauvera si jamais des insensés conce-
« vaient le dessein d'arracher à la France ce qui lui a tant
« coûté. »

La cause d'un tel enthousiasme, Messieurs, vous l'avez
devinée ; — Lacordaire se souvenait de son acquittement
en cour d'assises, — il avait la mémoire du cœur. Du reste,
il excella toujours à parer de mille grâces les choses et les
hommes qui servaient ses desseins ; quand il voulut res-
taurer en France l'ordre de Saint-Dominique, cet admi-
rateur du jury sut tracer un tableau flatteur de l'Inquisi-
tion ; — à l'en croire, saint Dominique fut à peu près un
catholique libéral !

Tous ces poëtes sont les mêmes ! Leur imagination est
un prisme merveilleux qui transforme, colore et grandit
les objets. L'histoire y perd, c'est dommage ; mais l'art y
gagne, c'est beaucoup ; — le tout est de démêler l'artiste
sous l'historien, l'avocat ou le prédicateur.

Le tribunal considéra que les circonstances donnaient
aux faits imputés aux prévenus le caractère d'un délit
politique et se déclara incompétent.

Le procureur du roi fit appel de ce jugement et les instituteurs allaient comparaître devant la Cour royale, quand
la mort de M. le comte de Montalembert investit son fils
de la pairie héréditaire. En vertu du principe de l'indi-

visibilité des poursuites, les prévenus devinrent justiciables de la Cour des pairs. — Le 20 septembre, le vieux palais du Luxembourg était assiégé par la foule. Les jeunes accusés ne furent pas intimidés par l'imposant appareil de la haute Cour. Montalembert avait écrit son plaidoyer ; quant à Lacordaire, jamais homme ne sembla moins souffrir de ce qu'il a lui-même appelé les « tourments de la parole publique. » Le jour de son triomphe devant le jury, il s'était écrié : « Je me suis convaincu que le Sénat romain ne m'effraierait pas ! »

Sous la présidence du baron Pasquier, les nobles pairs entrèrent en séance ; il étaient tous en costume, au nombre de quatre-vingt-quatorze.

M. Persil remplissait les fonctions de procureur général. C'était le moins athénien des magistrats de 1830 ; — jurisconsulte instruit, laborieux, il négligeait dans ses discours toute élégance littéraire. Adossé aux textes, il frappait d'estoc et de taille, et touchait juste quoique avec trop de rudesse. — Il était de ces hommes qu'on n'applaudit pas, mais qui se font craindre et écouter.

M. Persil fit un réquisitoire rigoureux. Il établit d'abord que le monopole universitaire créé par la loi de 1806 devait être respecté jusqu'à la réalisation des promesses de la Charte ; puis, quittant le terrain juridique, il se laissa entraîner à des violences hors de saison. — Ce n'étaient plus les façons douces et bienveillantes de M. Berville. Accusés d'avoir voulu corrompre la jeunesse, les trois instituteurs frémirent sous l'insulte et se promirent bien de rendre violence pour violence.

Montalembert se leva d'abord, accueilli par un murmure sympathique. — Il commença d'une voix faible, mais s'échauffant peu à peu, il éclata bientôt en apostrophes véhémentes contre l'Université.

Par malheur, dans tous ces discours des disciples de
Lamennais, on sent trop les procédés du maître, son
allure hautaine et dédaigneuse, sa phraséologie blessante.
Montalembert se plaît à nommer l'Université « le Moloch
de la France » ou « l'avorton chétif de la Convention. »
— Mais, sous ces violences de langage, on découvrait
aisément une âme noble et sincère, éprise du vrai, enne-
mie de tout despotisme, laïque ou religieux.

Cette coupable Université valut à Montalembert son
premier succès oratoire. Les nobles pairs, même les plus
hostiles, écoutèrent en souriant, « comme fait un aïeul à
la vivacité généreuse et mutine du dernier enfant de
sa race » (1).

M. de Coux lut un immense plaidoyer où il se défendait d'être le pionnier des jésuites, ce dont personne ne
songeait à l'accuser, et accablait d'un égal mépris Bossuet et Louis-Philippe; il appela ce dernier un « roi
provisoire ». Interrompu par des murmures unanimes,
sévèrement admonesté par le baron Pasquier, il perdit
contenance, balbutia quelques paroles et s'assit brus-
quement sans achever son discours.

Après une réplique de M. Persil, Lacordaire se livra
à une merveilleuse improvisation. « Il est des hommes
« privilégiés, a dit un de nos maîtres, chez lesquels
« l'inspiration jaillit soudain au choc d'une idée, non
« pas dans la forme lente et réfléchie de l'écrivain, mais
« spontanée, s'élançant tout à coup, enchâssée dans une
« expression définitive, et se répandant impétueuse-
« ment au dehors » (2). — Lacordaire fut un de ces

(1) M. le duc de Broglie. (*Discours de réception à l'Académie française*).
(2) M⁰ Allou (*Discours du Bâtonnat*, 8 décembre 1866).

hommes. Il construisait avec soin la charpente de ses discours, n'écrivait guère et montait en chaire ou venait à l'audience sans avoir fixé le choix de ses termes ni la longueur de ses développements. Dès qu'il commençait à parler, les mots heureux, les images saisissantes se pressaient sur ses lèvres. Parfois, il s'arrêtait comme perdu dans des pensées profondes, puis, au bout d'un instant, sa parole s'élançait plus belle, plus éclatante, plus harmonieuse encore.

L'exorde de son discours à la Chambre des pairs est demeuré célèbre.

« Nobles pairs,

« Je regarde et je m'étonne. Je m'étonne de me voir
« au banc des prévenus, tandis que M. le procureur
« général est au banc du ministère public. Je m'étonne
« que M. le procureur général ait osé se porter mon
« accusateur, lui qui est coupable du même délit que
« moi, et qui l'a commis dans l'enceinte où il m'accuse,
« devant vous, il y a si peu de temps. — Car, de quoi
« m'accuse-t-il ? D'avoir usé d'un droit écrit dans la
« Charte et non encore réglé par une loi ! — et lui vous
« demandait naguère la tête de quatre ministres en
« vertu d'un droit écrit dans la Charte et non encore
« réglé par une loi ! S'il a pu le faire, j'ai pu le faire
« aussi, avec la différence qu'il demandait du sang,
« et que je voulais donner une instruction gratuite aux
« enfants du peuple. Tous deux nous avons agi au nom
« de l'article 69 de la Charte : si M. le procureur
« général est coupable, comment m'accuse-t-il ? et s'il
« est innocent, comment m'accuse-t-il encore ? »

La fière attitude du jeune lévite, sa voix vibrante et sonore émurent l'assistance. Lacordaire contesta hardiment la légalité des décrets de l'Empire sur l'Université,

puis, par un de ces retours audacieux qui lui furent toujours familiers, il s'écria : « Nobles pairs, il est de saintes
« fautes, et la violation d'une loi peut être quelquefois
« l'accomplissement d'une loi plus élevée. Dans la pre-
« mière cause de la liberté d'enseignement, dans cette
« cause célèbre où Socrate succomba, il était évidemment
« coupable contre les dieux et contre les lois de son pays ;
« cependant la postérité des peuples païens et la postérité
« des siècles venus depuis le Christ ont flétri ses juges et
« ses accusateurs ; ils n'ont absous que le coupable et le
« bourreau : — le coupable parce qu'il avait manqué aux
« lois d'Athènes pour obéir à des lois plus grandes, le
« bourreau parce qu'il n'avait présenté la coupe au con-
« damné qu'en pleurant..... Quand Socrate était prêt à
« quitter ses juges, il leur dit : Nous allons sortir, vous
« pour vivre, moi pour mourir. — Ce n'est pas ainsi, mes
« nobles juges, que nous vous quitterons. Quel que soit
« votre arrêt, nous sortirons d'ici pour vivre : car la liberté
« et la religion sont immortelles, et les sentiments d'un
« cœur pur que vous avez entendus de notre bouche ne
« périront pas davantage. »

Les tribunes applaudirent et la cour se retira dans la
chambre de ses délibérations.

Là, le baron Pasquier, le duc Decazes et le duc de Broglie s'élevèrent avec vivacité contre le « scandale de la
défense », et voyant dans l'acte des prévenus une « violation flagrante des lois », ils réclamèrent une condamna-
tion.

Au fond de ces doctrines libérales, développées avec
éclat par des jeunes gens sous l'inspiration d'un homme
redoutable, les nobles pairs croyaient apercevoir un parti
pris dangereux contre l'instruction laïque, représentée
en 1830 par des hommes tels que Cousin et Villemain.

Ils attribuaient à Lamennais le dessein de substituer à cette prétendue tyrannie universitaire le despotisme des congrégations enseignantes ; et, si lointaine qu'apparût la réalisation de tels rêves théocratiques, ils voulaient défendre le gouvernement de Juillet contre ce faux libéralisme qui tendait clairement à la servitude de l'État.

Les instituteurs furent condamnés à 300 francs d'amende le 20 septembre 1831.

Cependant, l'*Avenir* touchait à la fin de son aventureuse carrière ; il avait mis en feu tout le clergé de France ; — plusieurs évêques dénoncèrent à Rome l'abbé de Lamennais. Ainsi désavoué, combattu à outrance, l'*Avenir*, triste signe des temps ! commença à perdre ses abonnés. Enfin, au mois de décembre 1831, Lamennais, Montalembert et Lacordaire suspendirent la publication du journal et partirent pour Rome, afin de s'assurer des dispositions du souverain pontife.

Ce fut un voyage mélancolique. Lamennais, en proie à de sombres pressentiments, jetait sur l'horizon un regard anxieux et troublé. Montalembert et Lacordaire repassaient dans leur âme ce qu'ils savaient de la politique romaine, et commençaient à s'éveiller du songe poétique qui les avait si doucement bercés.

A Rome, un silence glacial accueillit les trois pèlerins. En vain suppliaient-ils Grégoire XVI de condamner ou d'absoudre les doctrines de l'*Avenir*, — Des mois passèrent ainsi. Alors, découragés, meurtris, ils quittèrent la ville éternelle et furent atteints à Munich par cette foudroyante Encyclique du 15 août 1832, qui ruinait toutes leurs espérances. — Le Saint-Siège déclarait la guerre aux libertés modernes, se réservant toutefois d'user de ménagements temporaires envers les libertés d'enseignement

et d'association qui pouvaient servir la cause ultramontaine.

Lacordaire et Lamennais reçurent ce choc terrible avec
des sentiments bien divers. L'un songea dès lors à la
révolte ; l'autre se soumit. — Ces deux hommes étaient
à jamais séparés !

Après cette rupture qui finit tristement la campagne
de l'*Avenir*, si allègrement entreprise, Lacordaire n'est
point revenu à l'audience.

Messieurs, après la bataille les vaincus recueillent
pieusement les débris de leur étendard, et, comme un
gage d'espérance immortelle, ils pressent sur leur poitrine ce signe glorieux devenu un signe de deuil. —
Lacordaire n'a point renié le fier drapeau de sa jeunesse !

Ah ! sans doute, il s'est soumis aux volontés de Rome,
et même il a poussé bien loin cette soumission ; mais
que de fois sa parole impétueuse a laissé deviner les
secrètes révoltes de son cœur !

Et cependant, pour enchaîner son âme ardente, pour
éteindre « cette lave révolutionnaire qui de temps à
« autre faisait explosion dans sa parole,(1) » Lacordaire
luttait avec énergie. — Après l'Encyclique de 1832, il
avait au sein du clergé une situation fausse et pénible.
A tout prix il voulut en sortir. Se taire et borner sa vie
aux soins pieux du sacerdoce, il ne le pouvait pas ; son
silence même eût été suspect. D'ailleurs quand l'homme
est possédé par ce démon de l'éloquence, il faut qu'il
parle ou qu'il meure. Lacordaire ne mourut pas.

En 1834 les *Paroles d'un Croyant* lui offrirent l'occasion

(1) Le comte de Montalembert (*Vie du P. Lacordaire.*).

de donner au Saint-Siège des gages éclatants de sa conversion. Vous savez de quelle stupeur furent frappés les catholiques quand parut ce livre enflammé. Désespérant des papes et des rois, Lamennais abjurait ses anciennes croyances, brisait les dogmes qu'il avait étayés de son puissant génie, et frémissant d'un espoir nouveau, il criait au peuple : Lève-toi, secoue tes chaînes, relève ton front meurtri, voici l'aurore d'un jour funeste au pouvoir absolu !

A ce brûlant appel qui, d'écho en écho, traversa et embrasa l'Europe, Lacordaire répondit par ses *Considérations sur le système philosophique de Lamennais*. L'heure était mal choisie pour une telle publication. Convenait-il à l'ancien disciple d'accuser publiquement son maître au moment même où Rome l'accablait de ses malédictions ?

Lacordaire fut entraîné à cet acte par l'impérieux désir de séparer à tout jamais sa vie et son nom de la vie et du nom de Lamennais : il y réussit. Mais cela ne suffisait point pour rassurer l'Église ; il fallait encore que Lacordaire se pliât aux doctrines de M. de Maistre.

Heureusement, une aimable ultramontaine l'aida dans cette tâche. Mme de Swetchine, de mystique mémoire, dont Sainte-Beuve a doucement raillé les grâces un peu théologiques, mais qui sut attirer et fixer auprès d'elle plusieurs hommes éminents.

En 1835, Mgr de Quélen jugeant que Lacordaire était bien revenu de ses erreurs passées, l'autorisa à prêcher à Notre-Dame.

En peu de jours, le jeune orateur fut célèbre. On accourut au pied de sa chaire : les plus sceptiques venaient là comme à une fête intellectuelle, — non pour se convertir ; mais les hommes de goût, si peu chrétiens qu'ils puissent être, aiment toujours un grand artiste, et se pressent pour applaudir Talma, pour écouter Lacordaire.

Il était la poésie vivante de Notre-Dame. — La foule se sentait émue dès qu'il apparaissait sous ces voûtes mystérieuses, lui, l'enfant de ce siècle de doute, luttant en désespéré pour découvrir l'accord suprême de la science et de la foi; conjurant la société moderne de rester fidèle au dogme catholique.

Tantôt il exaltait la raison humaine, tantôt il l'appelait la fille du néant.

Mais, qu'importe sa doctrine! qu'importent les contradictions où il tombait sans cesse! — N'était-ce pas son âme qu'il montrait déchirée par de terribles luttes, sa raison tour à tour triomphante et vaincue ? Sous l'audace de ses affirmations, qui ne voyait un cœur profondément troublé? Et comment assister impassible à ce drame? — Parfois Lacordaire, éperdu, pâle, haletant, achevait sa pensée par un mot, par un geste; alors on était pénétré de ce frisson qui atteste la puissance des grands orateurs.

Un jour, comme il parlait des passions de l'homme, il en vint à dépeindre les tourments de la volupté, et tout à coup jeta ce cri sublime: « Messieurs, le vertige me « prend, et ma pensée succombe à cette hauteur où le « vice m'a mené, et d'où je contemple, dans son histoire « d'hier et dans son règne d'aujourd'hui, le naufrage des « âmes. — Moi, comme vous, fils de la liberté et fils de la « passion, un pied sur cet abîme qui a été le mien et qui « peut le redevenir tout à l'heure si la grâce divine « m'abandonnait, je me sens étourdi et tremblant, mon « regard se trouble et ma main cherche à terre le caillou « dont saint Jérôme frappait sa poitrine, lorsque ce grand « homme au fond des déserts, mal rassuré par le travail

« et la solitude contre les souvenirs de sa jeunesse,
« croyait voir les beautés de la Rome païenne passer et
« repasser devant ses cheveux blanchis, pour les solliciter
« encore et les déshonorer. »

Ah ! Messieurs, quel avocat eût été ce grand prédicateur ! — Peut-être même eût-il mieux réussi à sauver des
têtes qu'à convertir des âmes.

Lacordaire a échoué dans son œuvre de libéralisme
catholique : aujourd'hui la plupart de ses opinions sont
classées dans un catalogue d'erreurs dressé par le Saint-
Siége et connu sous le nom de *Syllabus*.

Peut-être, s'il fût resté au barreau, lui, dont les jeunes
plaidoiries furent saluées de louanges éclatantes ; lui,
qui sentait si bien la grandeur de notre profession ; qui,
sous le froc du moine, sut pratiquer toujours la plus fière
de nos vertus, l'indépendance ; le jour, par exemple, où
quittant la chaire de Notre-Dame après le coup d'Etat du
2 décembre, il s'écriait : « Moi aussi, je suis une sorte
« de liberté, il faut que je disparaisse avec toutes les
« autres » ; — peut-être aurait-il atteint parmi nous
une renommée aussi grande et aussi pure que celle de
l'homme qui applaudit ses débuts ; peut-être le barreau
de Paris confondrait-il aujourd'hui, dans le souvenir
d'une commune gloire, le nom de Lacordaire et le nom
de Berryer !

www.ingramcontent.com/pod-product-compliance
Lightning Source LLC
LaVergne TN
LVHW012021180726
843502LV00005B/1798